太極圖說 通書

〔宋〕周敦頤 撰
〔宋〕朱熹 注解

齊魯書社
·濟南·

圖書在版編目（CIP）數據

太極圖説；通書 / (宋) 周敦頤撰；(宋) 朱熹注解. -- 濟南：齊魯書社, 2024. 9. -- (《儒典》精粹).

ISBN 978-7-5333-4932-5

Ⅰ. B244.22

中國國家版本館CIP數據核字第20245LB100號

責任編輯　劉　强　馬素雅

裝幀設計　亓旭欣

太極圖説　通書

TAIJI TUSHUO TONGSHU

〔宋〕周敦頤　撰　〔宋〕朱熹　注解

主管單位	山東出版傳媒股份有限公司
出版發行	齊魯書社
社　　址	濟南市市中區舜耕路517號
郵　　編	250003
網　　址	www.qlss.com.cn
電子郵箱	qilupress@126.com
營銷中心	（0531）82098521　82098519　82098517
印　　刷	山東臨沂新華印刷物流集團有限責任公司
開　　本	880mm × 1230mm　1/32
印　　張	3.5
插　　頁	2
版　　次	2024年9月第1版
印　　次	2024年9月第1次印刷
標準書號	ISBN 978-7-5333-4932-5
定　　價	29.00圓

《〈儒典〉精粹》出版説明

《儒典》是對儒家經典的一次精選和萃編，集合了儒學著作的優良版本，展示了儒學發展的歷史脉絡。其中，《義理典》《志傳典》共收録六十九種元典，由齊魯書社出版。鑒於《儒典》采用套書和綫裝的形式，部頭大，價格高，不便於購買和日常使用，我們決定以《〈儒典〉精粹》爲叢書名，推出系列精裝單行本。

叢書約請古典文獻學領域的專家學者精選書目，并爲每種書撰寫解題，介紹作者生平、内容、版本流傳等情况，文簡義豐。叢書共三十三種，主要包括儒學研究的代表性專著和儒學人物的師承傳記兩大類。版本珍稀，不乏宋元善本。對於版心偏大者，適度縮小。爲便於檢索，另編排目録。不足之處，敬請讀者朋友批評指正。

齊魯書社

二〇二四年八月

《〈儒典〉精粹》書目（三十三種三十四册）

孔氏家語　荀子集解　孔叢子
春秋繁露　春秋繁露義證　鹽鐵論
新序　揚子法言　白虎通德論
潛夫論　中説　太極圖説　通書
龜山先生語録　張子語録　傳習録
張子正蒙注　先聖大訓　近思録
四存編　孔氏家儀　帝範
帝學　温公家範　文公家禮
聖門禮樂誌　東家雜記　孔氏祖庭廣記
伊洛淵源録　伊洛淵源續録　國朝漢學師承記
國朝宋學淵源記　孔子編年　孟子年表

解題

太極圖説一卷通書一卷，宋周敦頤撰，宋朱熹注解，明萬曆四十二年刻《宋濂溪周元公先生集》本

周敦頤字茂叔，原名敦實，避英宗諱改今名，號濂溪，道州（今湖南道縣）人。蔭補入仕，試將作監主簿，爲南安軍司理參軍，官知南康軍，卒後謚元公。與程珦、何涉、孔延之、蒲宗孟等善，二程嘗從之游，爲宋明理學之奠基人。著有《太極圖説》《通書》等，事見潘興嗣《濂溪先生墓志銘》、朱熹《濂溪先生行實》、《宋史》卷四二七本傳、《宋元學案》卷十一小傳，參宋度正《濂溪先生周元公年表》、許毓峰《周濂溪年譜》、王開琸《先賢道國元公周子年譜》。

兩書屬《宋濂溪周元公先生集》卷三，并由朱熹注解。正文頂格，注解縮進一格。卷三首葉爲周敦頤之《太極圖》，脱胎於宋初華山道士陳摶之《無極圖》。其後爲《太極圖説》，

正文二百五十餘字，闡釋宇宙本體及其演化過程。其後爲《通書》，爲周敦頤讀《易》心得，存四十章，涉及《乾》《損》《益》《家人》《睽》《復》《無妄》《蒙》《艮》等卦。胡宏《周子通書序》云：『《通書》之言包括廣大而聖門事業無窮矣。故此一卷書皆發端以示人者，宜度越諸子，直與《易》《詩》《書》《春秋》《語》《孟》同流行乎天下。』卷末爲附録，有朱熹《太極圖通書總序》、張栻《太極圖解序》、張栻《太極圖解後序》、張栻《通書後跋》、程頤《無極而太極辯》、黄榦《五行説》、胡宏《通書序畧》、度正《書太極圖解後》、張栻跋語、延平本《太極通書》朱熹跋語、南康本《太極通書》朱熹跋語。

延平本《太極通書》朱熹跋語云：『臨汀楊方得九江故家傳本，校此本不同者十有九處，然亦互有得失。其兩條此本之誤，當從九江本。如理性命章云「柔如之」，當作「柔亦如之」。師友章當自「道義者」以下，析爲下章。其十四條義可兩通，當並存之。如誠幾德章云「理曰禮」，「理」一作「履」。慎動章云「邪動」，一作「動邪」。化章，一作「順化」。愛敬章云「有善」，此下一有「是苟」字。「學焉」，此下一有「有」字。「曰有不善」，一無此四字。「曰不善」，此下一有「否」字。樂章云「優柔平中」，「平」一作「乎」。「輕生敗倫」，「倫」一作「常」。聖學章云「請聞焉」，「聞」一作「問」。顔子章云「獨何心哉」，「心」一作「以」。「能化而齊」，「齊」一作「濟」，一作「消」。過章，一作「仲由」。刑章云「不止即過焉」，「即」一作「則」。其三條九江本誤，而當以此本爲正。如《太極説》云「無極而太極」，

「而」下誤多一「生」字。誠章云「誠斯立焉」，「立」誤作「生」。家人睽復無妄章云「誠心復其不善之動而已矣」，「心」誤作「以」。凡十九條。』又南康本朱熹跋語云：『右周子《太極圖》并《説》一篇，《通書》四十章，世傳舊本遺文九篇，遺事十五條，事狀一篇，熹所集次，皆以校定，可繕寫。熹今附見于此，学者得以考焉。』保留有延平本异文，頗具校勘價值。

張彧

目録

宋濂溪周元公先生集卷之三

元公遺書

附録

宋濂溪周元公先生集卷之三

元公遺書

吳郡十七世孫與爵重輯

太極圖

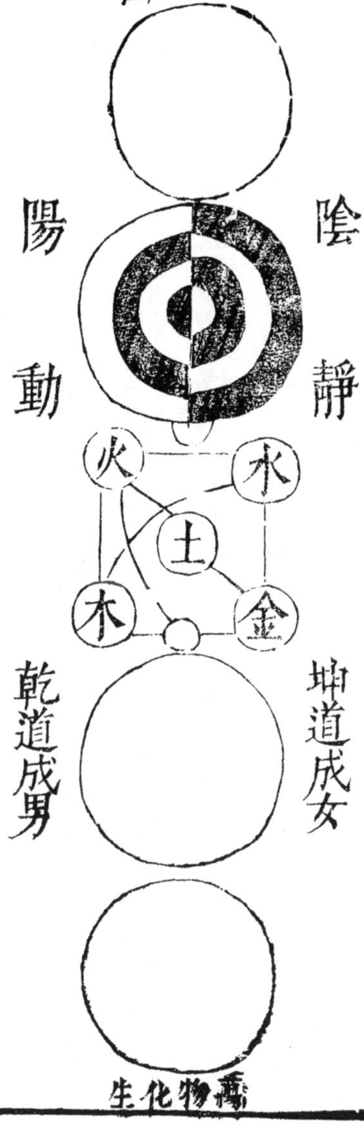

太極圖說　　朱子註解

周子曰無極而太極

上天之載無聲無臭而實造化之樞紐品彙之根柢也故曰無極而太極非太極之外復有無極也

太極動而生陽動極而靜靜而生陰靜極復動一動一靜互爲其根分陰分陽兩儀立焉

太極之有動靜是天命之流行也所謂一陰一陽之謂道誠者聖人之本物之始終而命之道也其動也誠之通也繼之者善萬物之所資以始也其靜也誠之復也成之者性萬物之各正其性命也動

極而靜靜極復動一動一靜互爲其根命之所以流行而不已也動而生陽靜而生陰分陰分陽兩儀立焉分之所以一定而不移也蓋太極者本然之妙也動靜者所乘之機也太極形而上之道也陰陽形而下之器也是以自其著者而觀之則動靜不同時陰陽不同位而太極無不在焉自其微者而觀之則沖漠無朕而動靜陰陽之理已悉具於其中矣雖然推之於前而不見其始之合引之於後而不見其終之離也故程子曰動靜無端陰陽無始非知道者孰能識之

陽變陰合而生水火木金土五氣順布四時行焉
有太極則一動一靜而兩儀分有陰陽則一變一
合而五行具然五行者質具於地而氣行於天者
也以質而語其生之序則曰水火木金土而水木
陽也火金陰也以氣而語其行之序則曰木火土
金水而木火陽也金水陰也又統而言之則氣陽
而質陰也又錯而言之則動陽而靜陰也蓋五行
之變至於不可窮然無適而非陰陽之道至其所
以為陰陽者則又無適而非太極之本然也夫豈
有所虧欠閒隔哉

五行一陰陽也陰陽一太極也太極本無極也五行之生也各一其性

五行具則造化發育之具無不備矣故又即此而推本之以明其渾然一體莫非無極之妙而無極之妙亦未嘗不各具於一物之中也蓋五行異質四時異氣而皆不能外乎陰陽陰陽異位動靜異時而皆不能離乎太極至於所以爲太極者又初無聲臭之可言是性之本體然也天下豈有性外之物哉然五行之生隨其氣質而所稟不同所謂各一其性也各一其性則渾然太極之全體無不

各具於一物之中而性之無所不在又可見矣

無極之眞二五之精妙合而凝乾道成男坤道成女

二氣交感化生萬物萬物生生而變化無窮焉

夫天下無性外之物而性無不在此無極二五所以混融而無間者也所謂妙合者也眞以理言無妄之謂也精以氣言不二之名也凝者聚也氣聚而成形也蓋性爲之主而陰陽五行爲之經緯錯綜又各以類凝聚而成形焉陽而健者成男則父之道也陰而順者成女則母之道也是人物之始以氣化而生者也氣聚成形則形交氣感遂以形

化而人物生生變化無窮矣自男女而觀之則男
女各一其性而男女一太極也自萬物而觀之則
萬物各一其性而萬物一太極也蓋合而言之萬
物統體一太極也分而言之一物各具一太極也
所謂天下無性外之物而性無不在者於此尤可
見其全矣子思子曰君子語大天下莫能載焉語
小天下莫能破焉此之謂也
惟人也得其秀而最靈形既生矣神發知矣五性感
動而善惡分萬事出矣
此言衆人具動靜之理而常失之於動也蓋人物

之生莫不有太極之道焉然陰陽五行氣質交運
而人之所稟獨得其秀故其心爲最靈而有以不
失其性之全所謂天地之心而人之極也然形生
於陰神發於陽五常之性感物而動而陽善陰惡
又以類分而五性之殊散爲萬事蓋二氣五行化
生萬物其在人者又如此自非聖人全體太極有
以定之則欲動情勝利害相攻人極不立而違禽
獸不遠矣

聖人定之以中正仁義而主靜立人極焉故聖人與
天地合其德日月合其明四時合其序鬼神合其吉

凶
此言聖人全動靜之德而常本之於靜也蓋人稟陰陽五行之秀氣以生而聖人之生又得其秀之秀者是以其行之也中其處之也正其發之也仁其裁之也義蓋一動一靜莫不有以全夫太極之道而無所虧焉則向之所謂欲動情勝利害相攻者於此乎定矣然靜者誠之復而性之貞也苟非此心寂然無欲而靜則亦何以酬酢事物之變而一天下之動哉故聖人中正仁義動靜周流而其動也必主乎靜此其所以成位乎中而天地日月

四時鬼神有所不能違也蓋必體立而後用有以行若程子論乾坤動靜而曰不專一則不能直遂不翕聚則不能發散亦此意爾

君子修之吉小人悖之凶

聖人太極之全體一動一靜無適而非中正仁義之極蓋不假修爲而自然也未至此而修之君子之所以吉也不知此而悖之小人之所以凶也修之悖之亦在乎敬肆之間而已矣敬則欲寡而理明寡之又寡以至於無則靜虛動直而聖可學矣

故曰立天之道曰陰與陽立地之道曰柔與剛立人

之道曰仁與義又曰原始反終故知生死之說
陰陽成象天道之所以立也剛柔成質地道之所以立也仁義成德人道之所以立也道一而已隨事著見故有三才之別而於其中又各有體用之分焉其實則一太極也陽也剛也仁也物之始也陰也柔也義也物之終也能原其始而知所以生則反其終而知所以死矣此天地之間綱紀造化流行古今不言之妙聖人作易其大意蓋不出此故引之以證其說

大哉易也斯其至矣

易之爲書廣大悉備然語其至極則此圖盡之其指豈不深哉抑嘗聞之程子昆弟之學於周子也周子手是圖以授之程子之言性與天道多出於此然卒未嘗明以此圖示人是則必有微意焉學者亦不可以不知也

朱子曰此所謂無極而太極也所以動而陽靜而陰之本體也然非有以離乎陰陽也即陰陽而指其本體不離乎陰陽而爲言爾◎此○之動而陽靜而陰也中○者其本體也◐者陽之動也○之用所以行也◑者陰之靜也○之體所以立也◑

者☾之根也〈者☽之根也此陽變陰合而
生水火木金土也〵者陽之變也〳者陰之合也
㊌陰盛故居右㊋陽盛故居左㊌陽穉故次火㊎
陰穉故次水㊏冲氣故居中而水火之〤交系乎
上陰根陽陽根陰也水而木木而火火而土土而
金金而復水如環無端五氣布四時行也
五行一陰陽五殊二實無餘欠也陰陽一太極精
粗本末無彼此也太極本無極上天之載無聲臭
也五行之生各一其性氣殊質異各一其○無假
借也此無極二五所以妙合而無間也○乾男

坤女以氣化者言也各一其性而男女一太極也
○萬物化生以形化者言也各一其性而萬物一
太極也惟人也得其秀而最靈則所謂人○者於
是乎在矣然形◑之爲也神◐之發也五性

之德也善惡男女之分也萬事萬物之象也此天
下之動所以紛紜交錯而吉凶悔吝所由以生也
惟聖人者又得夫秀之精一而有以全乎○之體
用者也是以一動一靜各臻其極而天下之故常
感通乎寂然不動之中蓋中也仁也感也所謂◐
也○之用所以行也正也義也寂也所謂◑也○

之體所以立也中正仁義渾然全體而靜者常爲
主焉則人○於是乎立而○天地日月四
時鬼神有所不能違矣君子之戒謹恐懼所以修
此而吉也小人之放辟邪侈所以悖此而凶也天
地人之道各一○也陽也剛也仁也所謂也物
之始也陰也柔也義也所謂也物之終也此所
謂易也而三極之道立焉實則一○也故曰易有
太極之謂也

通書

誠上第一章

誠者聖人之本

誠者至實而無妄之謂天所賦物所受之正理也人皆有之而聖人之所以聖者無他焉以其獨能全此而已此書與太極圖相表裏誠即所謂太極也

大哉乾元萬物資始誠之源也

此上二句引易以明之乾者純陽之卦其義爲健乃天德之别名也元始也資取也言乾道之元萬物所取以爲始者乃實理流出以賦於人之本如水之有源即圖之陽動也

乾道變化各正性命誠斯立焉

此上三句亦易文天所賦爲命物所受爲性言乾道變化而萬物各得受其所賦之正則實理於是而各爲一物之主矣卽圖之陰靜也

純粹至善者也

純不雜也粹無疵也此言天之所賦物之所受皆實理之本然無不善之雜也

故曰一陰一陽之謂道繼之者善也成之者性也

此亦易文陰陽氣也形而下者也所以一陰一陽者理也形而上者也道卽理之謂也繼之者氣之

方出而未有所成之謂也善則理之方行而未有所立之名也陽之屬也誠之源也成則物之已成性則理之已立者也陰之屬也誠之立也

元亨誠之通利貞誠之復

元始亨通利遂貞正乾之四德也通者方出而賦於物善之繼也復者各得而藏於已性之成也此於圖已爲五行之性矣

大哉易也性命之源乎

易者交錯代換之名卦爻之立由是而已天地之間陰陽交錯而實理流行一賦一受於其中亦猶

是也

誠下第二章

聖誠而已矣

聖人之所以聖不過全此實理而已即所謂太極者也

誠五常之本百行之源也

五常仁義禮智信五行之性也百行孝悌忠順之屬萬物之象也實理全則五常不虧而百行修矣

靜無而動有至正而明達也

方靜而陰誠固未嘗無也以其未形而謂之無爾

及動而陽誠非至此而後有也以其可見而謂之有爾靜無則至正而已動有然後明與達者可見也

五常百行非誠非也邪暗塞也

非誠則五常百行皆無其實所謂不誠無物者也靜而不正故邪動而不明不達故暗且塞

故誠則無事矣

誠則衆理自然無一不備不待思勉而從容中道矣

至易而行難

實理自然故易人僞奪之故難

果而確無難焉

果者陽之決確者陰之守決之勇守之固則人僞不能奪之矣

故曰一日克己復禮天下歸仁焉

克去己私復由天理天下之至難也然其機可一日而決其效至於天下歸仁果確之無難如此

誠幾德第三章

誠無爲

實理自然何爲之有即太極也

幾善惡

幾者動之微善惡之所由分也蓋動於人心之微則天理固當發見而人欲亦已萌乎其間矣此陰陽之象也

德愛曰仁宜曰義理曰禮通曰智守曰信

道之得於心者謂之德其別有是五者之用而因以名其體焉即五行之性也

性焉安焉之謂聖

性者獨得於天安者本全於已聖者大而化之之稱此不待學問勉强而誠無不立幾無不明德無

不備者也

復焉執焉之謂賢

復者反而致之執者保而持之賢者才德過人之稱此思誠研幾以成其德而有以守之者也

發微不可見充周不可窮之謂神

發之微妙而不可見充之周徧而不可窮則聖人之妙用而不可知者也

聖第四章

寂然不動者誠也感而遂通者神也動而未形有無之間者幾也

本然而未發者實理之體善應而不測者實理之
用動靜體用之間介然有頃之際則實理發見之
端而衆事吉凶之兆也

誠精故明神應故妙幾微故幽

清明在躬志氣如神精而明也不疾而速不行而
至應而妙也理雖已萌事則未著微而幽也

誠神幾曰聖人

性焉安焉則精明應妙而有以洞其幽微矣

慎動第五章

動而正曰道

動之所以正以其合乎衆所共由之道也

用而和曰德

用之所以和以其得道於身而無所待於外也

匪仁匪義匪禮匪智匪信悉邪也

所謂道者五常而已非此則其動也邪矣

邪動辱也甚焉害也

無得於道則其用不和矣

故君子慎動

動必以正則和在其中矣

道第六章

聖人之道仁義中正而已矣

中即禮正即智圖解備矣

守之貴

天德在我何貴如之

行之利

順理而行何往不利

廓之配天地

充其本然並立之全體而已矣

豈不易簡豈為難知

道體本然故易簡人所固有故易知

不守不行不廓爾

言爲之則是而嘆學者自失其幾也

師第七章

或問曰曷爲天下善曰師曰何謂也曰性者剛柔善惡中而已矣

此所謂性以氣稟而言也

不達曰剛善爲義爲直爲斷爲嚴毅爲幹固惡爲猛爲隘爲彊梁柔善爲慈爲順爲巽惡爲懦弱爲無斷爲邪佞

剛柔固陰陽之大分而其中又各有陰陽以爲善

惡之分焉惡者固爲非正而善者亦未必皆得乎
中也

惟中也者和也中節也天下之達道也聖人之事也
此以得性之正而言也然其以和爲中與中庸不
合蓋就已發無過不及者而言之如書所謂允執
厥中者也

故聖人立教俾人自易其惡自至其中而止矣
易其惡則剛柔皆善有嚴毅慈順之德而無彊梁
懦弱之病矣至其中則其或爲嚴毅或爲慈順也
又皆中節而無太過不及之偏矣

故先覺覺後覺闇者求於明而師道立矣

師者所以攻人之惡正人之不正而已矣

師道立則善人多善人多則朝廷正而天下治矣

此所以爲天下善也○此章所言剛柔即易之兩儀各加善惡即易之四象易又加倍以爲八卦而此書及圖則止於四象以爲火水金木而即其中以爲土蓋道體則一而人之所見詳畧不同但於本體不差則並行而不悖矣

幸第八章

人之生不幸不聞過大不幸無耻

不聞過人不告也無耻我不仁也

必有耻則可教聞過則可賢

有耻則能發憤而受教聞過則知所改而爲賢然

不可教則雖聞過而未必能改矣以此見無耻之

不幸爲尤大也

思第九章

洪範曰思曰睿睿作聖

睿通也

無思本也思通用也幾動於彼誠動於此無思而無

不通爲聖人

無思誠也思通神也所謂誠神幾曰聖人也

不思則不能通微不睿則不能無不通是則無不通
生於通微通微生於思

通微睿也無不通聖也

故思者聖功之本而吉凶之機也

思之至可以作聖而無不通其次亦可以見幾通
微而不陷於凶咎

易曰君子見幾而作不俟終日

睿也

又曰知幾其神乎

聖也

志學第十章

聖希天賢希聖士希賢

希望也字本作睎

伊尹顏淵大賢也伊尹耻其君不爲堯舜一夫不得其所若撻於市顏淵不遷怒不貳過三月不違仁

說見書及論語皆賢人之事也

志伊尹之所志學顏子之所學

此言士希賢也

過則聖及則賢不及則亦不失於令名

三者隨其用力之淺深以爲所至之近遠不失令名以其有爲善之實也○胡氏曰周子患人以發策決科榮身肥家希世取寵爲事也故曰志伊尹之所志患人以廣聞見工文詞矜智能慕空寂爲事也故曰學顏子之所學人能志此志而學此學則知此書之包括至大而其用無窮矣

順化第十一章

天以陽生萬物以陰成萬物生仁也成義也

陰陽以氣言仁義以道言詳已見圖解矣

故聖人在上以仁育萬物以義正萬民

所謂定之以仁義

天道行而萬物順聖德修而萬民化大順大化不見其迹莫知其然之謂神

天地聖人其道一也

故天下之衆本在一人道豈遠乎哉術豈多乎哉

天下之本在君君之本在心心之術在仁義

治第十二章

十室之邑人人提耳而教且不及況天下之廣兆民之衆哉曰純其心而已矣

純者不雜之謂心謂人君之心

仁義禮智四者動靜言貌視聽無違之謂純

仁義禮智五行之德也動靜陰陽之用而言貌視聽五行之事也德不言信事不言思者欲其不違則固以思爲主而必求是四者之實矣

心純則賢才輔

君取人以身臣道合而從也

賢才輔則天下治

衆賢各任其職則不待人人提耳而教矣

純心要矣用賢急焉

心不純則不能用賢不用賢則無以宣化

禮樂第十三章

禮理也樂和也

禮陰也樂陽也

陰陽理而後和君君臣臣父父子子兄兄弟弟夫夫婦婦萬物各得其理然後和故禮先而後樂

此定之以中正仁義而主靜之意程子論敬則自然和樂亦此理也學者不知持敬而務爲和樂鮮不流於慢者

務實第十四章

實勝善也名勝耻也故君子進德修業孳孳不息務

實勝也德業有未著則恐恐然畏人知遠耻也小人
則僞而已故君子日休小人日憂
　實修而無名勝之耻故休名勝而無實修之善故
憂

　愛敬第十五章

有善不及
　設問人或有善而我不能及則如之何
曰不及則學焉
　答言當學其善而已
問曰有不善

問人有不善則何以處之

曰不善則告之以不善且勸曰庶幾有改乎斯爲君子

答言人有不善則告之以不善而勸其改告之者恐其不知此事之爲不善也勸之者恐其不知不善之可改而爲善也

有善一不善二則學其一而勸其二

亦答詞也言人有善惡之雜則學其善而勸其惡

有語曰斯人有是之不善非大惡也則曰孰無過焉知其不能改改則爲君子矣不改爲惡惡者天惡之

彼豈無畏邪烏知其不能改

亦答言聞人有過雖不得見而告勸之亦當答以此冀其或聞而自改也有心悖理謂之惡無失理謂之過

故君子悉有衆善無弗愛且敬焉

善無不學故悉有衆善惡無不勸故不棄一人於惡不棄一人於惡則無所不用其愛敬矣

動靜第十六章

動而無靜靜而無動物也

有形則滯於一偏

動而無動靜而無靜神也

神則不離於形而不囿於形矣

動而無動靜而無靜非不動不靜也

動中有靜靜中有動

物則不通神妙萬物

結上文起下意

水陰根陽火陽根陰

水陰也而生於一則本乎陽也火陽也而生於二

則本乎陰也所謂神妙萬物者如此

五行陰陽陰陽太極

此即所謂五行一陰陽陰陽一太極者以神妙萬物之體而言也

四時運行萬物終始

此即所謂五氣順布四時行焉無極二五妙合而凝者以神妙萬物之用而言也

混兮闢兮其無窮兮

體本則一故曰混用散而殊故曰闢一動一靜其運如循環之無窮此兼舉其體用而言也○此章發明圖意更宜參考

樂上第十七章

古者聖王制禮法修教化三綱正九疇敘百姓太和萬物咸若

綱網上大繩也三綱者夫爲妻綱父爲子綱君爲臣綱也疇類也九疇見洪範若順也此所謂理而後和也

乃作樂以宣八風之氣以平天下之情

八音以宣八方之風見國語宣所以達其理之分平所以節其和之流

故樂聲淡而不傷和而不淫入其耳感其心莫不淡且和焉淡則欲心平和則躁心釋

淡者理之發和者和之爲先淡後和亦主靜之意
也然古聖賢之論樂曰和而已此所謂淡蓋以今
樂形之而後見其本於莊正齊肅之意爾
優柔平中德之盛也天下化中治之至也是謂道配
天地古之極也
欲心平故平中躁心釋故優柔言聖人作樂功化
之盛如此或云化中當作化成
後世禮法不修政刑苛紊縱欲敗度下民困苦謂古
樂不足聽也代變新聲妖淫愁怨導欲增悲不能自
止故有賊君棄父輕生敗倫不可禁者矣

廢禮敗度故其聲不淡而妖淫政苛民困故其聲不和而愁怨妖淫故導欲而至於輕生敗倫愁怨故增悲而至於賊君棄父

嗚呼樂者古以平心今以助欲古以宣化今以長怨古今之異淡與不淡和與不和而已

不復古禮不變今樂而欲至治者遠矣

復古禮然後可以變今樂

樂中第十八章

樂者本乎政也政善民安則天下之心和故聖人作樂以宣暢其和心達于天地天地之氣感而太和焉

天地和則萬物順故神祇格鳥獸馴

聖人之樂既非無因而強作而其制作之妙又能眞得其聲氣之元故其志氣天人交相感動而其效至此

樂下第十九章

樂聲淡則聽心平樂辭善則歌者慕故風移而俗易矣妖聲豔辭之化也亦然

聖學第二十章

聖可學乎曰可曰有要乎曰有請聞焉曰一爲要一者無欲也無欲則靜虛動直靜虛則明明則通動直

則公公則溥明通公溥庶矣乎

此章之指最爲切要然其辭義明白不煩訓解學者能深玩而力行之則有以知無極之眞兩儀四象之本皆不外乎此心而日用間自無別用力處矣

公明第二十一章

公於己者公於人未有不公於己而能公於人也

此爲不勝己私而欲任法以裁物者發

明不至則疑生明無疑也謂能疑爲明何啻千里

此爲不能先覺而欲以逆詐億不信爲明者發然

明與疑正相南北何啻千里之不相及乎

理性命第二十二章

厥彰厥微匪靈弗瑩

此言理也陽明陰晦非人心太極之至靈孰能明之

剛善剛惡柔亦如之中焉止矣

此言性也說見第七篇即五行之理也

二氣五行化生萬物五殊二實二本則一是萬為一

一實萬分萬一各正小大有定

此言命也二氣五行天之所以賦受萬物而生之

者也自其末以緣本則五行之異本二氣之實二氣之實又本一理之極是合萬物而言之爲一太極而已也自其本而之末則一理之實而萬物分之以爲體故萬物之中各有一太極而小大之物莫不各有一定之分也○此章與十六章意同

顏子第二十三章

顏子一簞食一瓢飲在陋巷人不堪其憂而不改其樂

說見論語

夫富貴人所愛也顏子不愛不求而樂乎貧者獨何

心哉

設問以發其端

天地間有至貴至愛可求而異乎彼者見其大而忘其小焉爾

至愛之間當有富可二字所謂至貴至富可愛可求者即周子之教程子每令尋仲尼顏子樂處所樂何事者也然學者當深思而實體之不可但以言語解會而已

見其大則心泰心泰則無不足無不足則富貴貧賤處之一也處之一則能化而齊故顏子亞聖

齊字意復恐或有悞或曰化大而化也齊齊於聖也亞則將齊而未至之名也

師友上第二十四章

天地間至尊者道至貴者德而已矣至難得者人人而至難得者道德有於身而已矣

此畧承上章之意其理雖明然人心蔽於物欲鮮克知之故周子每言之詳焉

求人至難得者有於身非師友則不可得也已

是以君子必隆師而親友

師友下第二十五章

道義者身有之則貴且尊

周子於此一意而屢言之非復出也其丁寧之意切矣

人生而蒙長無師友則愚是道義由師友有之

此處恐更有由師友字屬下句

而得貴且尊其義不亦重乎其聚不亦樂乎

此重此樂人亦少知之者

過第二十六章

仲由喜聞過令名無窮焉今人有過不喜人規如護疾而忌醫寧滅其身而無悟也噫

勢第二十七章

天下勢而已矣勢輕重也

一輕一重則勢必趨於重而輕愈輕重愈重矣

極重不可反識其重而亟反之可也

重未極而識之則猶可反也

反之力也識不早力不易也

反之在於人力而力之難易又在識之早晚

力而不竸天也不識不力人也

不識則不知用力不力則雖識無補

天乎人也何尤

問勢之不可反者果天之所爲乎若非天而出於人之所爲則亦無所歸罪矣

文辭第二十八章

文所以載道也輪轅飾而人弗庸徒飾也況虛車乎

文所以載道猶車所以載物故爲車者必飾其輪轅爲文者必善其詞說皆欲人之愛而用之然我飾之而人不用則猶爲虛飾而無益於實況不載物之車不載道之文雖美其飾亦何所爲乎

文辭藝也道德實也篤其實而藝者書之美則愛愛則傳焉賢者得以學而至之是爲教故曰言之無文

行之不遠

此猶車載物而輪轅飾也

然不賢者雖父兄臨之師保勉之不學也強之不從也

此猶車已飾而人不用也

不知務道德而第以文辭爲能者藝焉而已噫弊也久矣

此猶車不載物而徒美其飾也○或疑有德者必有言則不待藝而後其文可傳矣周子此章似猶別以文辭爲一事而用力焉何也曰人之才德偏

有長短其或意中了了而言不足以發之則亦不能傳於遠矣故孔子曰辭達而已矣程子亦言西銘吾得其意但無子厚筆力不能作爾正謂此也然言或可少而德不可無有德而有言者常多有德而不能言者常少學者先務亦勉於德而已矣

聖蘊第二十九章

不憤不啓不悱不發舉一隅不以三隅反則不復也

說見論語言聖人之教必當其可而不輕發也

子曰予欲無言天何言哉四時行焉百物生焉

說亦見論語言聖人之道有不待言而顯者故其

言如此

然則聖人之蘊微顏子殆不可見發聖人之蘊教萬世無窮者顏子也聖同天不亦深乎

蘊中所畜之名也仲尼無迹顏子微有迹故孔子之教既不輕發又未嘗自言其道之蘊而學者唯顏子爲得其全故因其進修之迹而後孔子之蘊可見猶天不言而四時行百物生也

常人有一聞知恐人不速知其有也急人知而名也淵亦甚矣

聖凡異品高下懸絕有不待較而明者其言此者

正以深厚之極警夫淺薄之尤爾然於聖人言深常人言薄者深則厚淺則薄上言首下言尾互文以明之也

精蘊第三十章

聖人之精畫卦以示聖人之蘊因卦以發卦不畫聖人之精不可得而見微卦聖人之蘊殆不可悉得而聞

精者精微之意畫前之易至約之理也伏羲畫卦專以明此而已蘊謂凡卦中之所有如吉凶消長之理進退存亡之道至廣之業也有卦則因以形

矣

易何止五經之源其天地鬼神之奥乎

陰陽有自然之變卦畫有自然之體此易之爲書所以爲文字之祖義理之宗也然不止此葢凡管於陰陽者雖天地之大鬼神之幽其理莫不具於卦畫之中焉此聖人之精藴所以必於此而寄之也

乾損益動第三十一章

君子乾乾不息於誠然必懲忿窒慾遷善改過而後至乾之用其善是損益之大莫是過聖人之旨深哉

此以乾卦爻詞損益大象發明思誠之方蓋乾乾不息者體也去惡進善者用也無體則用無以行無用則體無所措故以三卦合而言之或曰其字亦是莫字

吉凶悔吝生乎動噫吉一而已動可不慎乎

四者一善而三惡故人之所值福常少而禍常多不可不謹○此章論易所謂聖人之蘊

家人睽復无妄第三十二章

治天下有本身之謂也治天下有則家之謂也

則謂物之可視以為法者猶俗言則例則樣也

本必端端本誠心而已矣則必善善則和親而已矣
心不誠則身不可正親不和則家不可齊

家難而天下易家親而天下疎也
親者難處疎者易裁然不先其難亦未有能其易
者

家人離必起於婦人故睽次家人以二女同居而志
不同行也

睽次家人易卦之序二女以下睽彖傳文二女謂
睽卦兌下離上兌少女離中女也陰柔之性外和
悅而内猜嫌故同居而異志

堯所以釐降二女于嬀汭舜可禪乎吾茲試矣

釐理也降下也嬀水名汭水北舜所居也堯理治下嫁二女舜將以試舜而授之天下也

是治天下觀于家治家觀身而已矣身端心誠之謂也誠心復其不善之動而已矣

不善之動息於外則善心之生於内者無不實矣

不善之動妄也妄復則无妄矣无妄則誠矣

程子曰无妄之謂誠

故无妄次復而曰先王以茂對時育萬物深哉

无妄次復亦卦之序先王以下引无妄卦大象以

明對時育物唯至誠者能之而贊其旨之深也○

此章發明四卦亦皆所謂聖人之蘊

富貴第三十三章

君子以道充爲貴身安爲富故常泰無不足而銖視軒冕塵視金玉其重無加焉爾

此理易明而屢言之欲人有以真知道義之重而不爲外物所移也

陋第三十四章

聖人之道入乎耳存乎心蘊之爲德行行之爲事業彼以文辭而已者陋矣

意同上章欲人眞知道德之重而不溺於文辭之陋也

擬議第三十五章

至誠則動動則變變則化故曰擬之而後言議之而後動擬議以成其變化

中庸易大傳所指不同今合而言之未詳其義或曰至誠者實理之自然擬議者所以誠之之事也

刑第三十六章

天以春生萬物止之以秋物之生也既成矣不止則過焉故得秋以成聖人之法天以政養萬民肅之以

刑民之威也欲動情動利害相攻不止則賊滅無倫
焉故得刑以治

　意與十一章略同

情僞微曖其變千狀苟非中正明達果斷者不能治
也訟卦曰利見大人以剛得中也噬嗑曰利用獄以
動而明也

　中正本也明斷用也然非明則斷無以施非斷則
明無所用二者又自有先後七訟之中兼乎正噬
嗑之明兼乎達訟之剛噬嗑之動即果斷之謂也

嗚呼天下之廣主刑者民之司命也任用可不慎乎

公第三十七章

聖人之道至公而已矣或曰何謂也曰天地至公而已矣

孔子上第三十八章

春秋正王道明大法也孔子爲後世王者而修也亂臣賊子誅死者於前所以懼生者於後也宜乎萬世無窮王祀夫子報德報功之無盡也

孔子下第三十九章

道德高厚教化無窮實與天地參而四時同其惟孔子乎

道高如天者陽也德厚如地者陰也教化無窮如四時者五行也孔子其太極乎

蒙艮第四十章

童蒙求我我正果行如筮焉筮叩神也再三則瀆矣瀆則不告也

此通下三節雜引蒙卦象而釋其義童稚也蒙暗也我謂師也筮揲蓍以決吉凶也言童蒙之人來求於我以發其蒙而我以正道果決彼之所行如筮者叩神以決疑而神告之吉凶以果決其所行也叩神求師專一則明如初筮則告二三則惑

故神不告以吉凶師亦不當决其所行也

山下出泉靜而清也汩則亂亂不决也

山下出泉大象文山靜泉清有以全其未發之善故其行可果汩再三也亂瀆也不决不告也蓋汩則不靜亂則不清既不能保其未發之善則告之不足以果其所行而反滋其惑不如不告之爲愈也

慎哉其惟時中乎

時中者彖傳文教當其可之謂也初則告瀆則不告靜而清則决之汩而亂則不决皆時中也

艮其背背非見也靜則止止非爲也爲不止矣其道
也深乎
此一節引艮卦之象而釋之艮止也背非有見之
地也艮其背者止於不見之地也止於不見之地
則靜靜則止而無爲一有爲之之心則非止之道
矣○此章發明二卦皆所謂聖人之藴而主靜之
意也

附錄

太極圖通書總序

乾道己丑　朱熹

右周子之書一編今舂陵零陵九江皆有本而互有同異長沙本最後出乃熹所編定視他本最詳密矣然猶有所未盡也蓋先生之學其妙具於太極一圖通書之指皆發此圖之藴而程先生兄弟語及性命之際亦未嘗不因其說觀通書之誠動靜理性命等章及程氏之書李仲通銘程郡公誌顔子好學論等篇則可見矣故潘清逸誌先生之墓敘所著書特以作太極圖爲稱首然則此圖當

爲書首不疑也然先生旣手以授二程本因附書後（邢寬居之云）傳者見其如此遂誤以圖爲書之卒章不復釐正使先生立象盡意之微旨暗而不明而驟讀通書者亦復不知有所總攝此則諸本皆失之而長沙通書因胡氏所傳篇章非復本次又削去分章之目而别以周子曰加之於書之大義雖若無害然要非先生之舊亦有去其目而遂不可曉者（如理性命章之類）又諸本附載銘碣詩文事多重複亦或不能有發明於先生之道以幸學者故今特據潘誌置圖篇端以爲先生之精意則可以通乎

書之說矣至於書之分章定次亦皆復其舊貫而
取公及蒲左丞孔司封黃太史所記先生行事之
實刪去重復合爲一篇以便觀者蓋世所傳先生
之書言行具此矣潘公所謂易通疑卽通書而易
說獨不可見向見友人多蓄異書自謂有傳本亟
取而觀焉則淺陋可笑皆舍去時舉子綴葺緒餘
與圖說通書絕不相似不問可知其僞獨不知世
復有能得其眞者與否以圖書推之知其所發當
極精要微言湮沒甚可惜也熹又嘗讀朱內翰震
進易說表謂此圖之傳自陳摶种放穆修而來而

五峯胡公仁仲作通書序又謂先生非止爲种穆之學者此特其學之一師耳非其至者也夫以先生之學之妙不出此圖以爲得之於人則決非种穆所及以爲非其至者則先生之學又何以加於此圖哉是以竊嘗疑之及得誌文考之然後知果先生之所自作而非有所受於人者公蓋皆未見此誌而云云耳人有眞能立伊尹之志修顔子之學則知此書之言包括至大而聖門之事業無窮矣

太極圖解序

張栻

二程先生道學之傳發於濂溪周子而太極圖乃濂溪自得之妙蓋以手授二程先生者或曰濂溪傳太極圖於穆修修之學出於陳摶豈其然乎此非諸子所得而知也其言約其意微自孟氏以來未之有也通書之說大抵皆發明此意故其首章曰誠者聖人之說大哉乾元萬物資始誠之源也乾道變化各正性命誠斯立焉夫曰聖人之本誠之源者蓋深明萬化之一源也以見聖人之精蘊此即易之所謂密中庸之所謂無聲無臭者也至於乾道變化各正性命則是本體之流行發見者

故曰誠斯立焉其篇云五行陰陽太極四時運行萬物終始混兮闢兮其無窮兮道學之傳實在乎此愚不敏輒舉大端與朋友共識焉雖然太極豈可以圖傳也先生之意特假圖以立義使學者默會其旨歸要當得之言意之表可也不然而謂可以方所求之哉

太極圖解後序

張栻

或曰太極圖周先生手授二程先生者也今二程先生之所講論答問之見於遺書者大略可睹獨未及此圖何耶以爲未可遽示則聖人之微辭見

於中庸易繫者先生固多所發明矣而何獨秘於此耶栻應之曰二程先生雖不及此圖然其說固多本之矣試詳考之當自可見學者誠能從事於敬直積力久則夫動靜之幾將深有感於隱微之間而是圖之妙可以嘿得於胷中不然縱使辯說之詳猶爲無益也噫乎先生誠通誠復之論其至矣乎聖人與天地同用通而復復而通中庸以喜怒哀樂未發已發言之又就人身上推尋至於見得大本達道處又衮同只是此理此理就人身上推尋若不於未發已發處看即何緣知之蓋就天

地之本源與人物上推來不得不異此所以於動而生陽難爲以喜怒哀樂已發言之在天地只是理也今欲作兩節看切恐差了復卦見天地之心先儒以爲靜見天地之心伊川先生以爲動乃見此恐便是動而生陽之理然於復卦發出此一段示人又於初爻以顏子不遠復爲之此只要示人無間斷之意人與天地一也就此理上皆收拾來與天地合其德與日月合其明與四時合其序與鬼神合其吉凶皆其度內爾

通書後跋

張栻

濂溪周先生通書友人朱熹元晦以太極圖列于篇首而題之曰太極通書栻刻于嚴陵學宮以示多士嗟乎自聖學不明語道者不睹夫大全卑則割裂而無統高則汗漫而不精是以性命之說不參乎事物之際而經世之務僅出乎私意小智之爲豈不可歎哉惟先生生乎千有餘載之後超然獨得夫大易之傳所謂太極圖乃其綱領也推明動靜之一源以見生化之不窮天命流行之體無乎不在文理密察本末該貫非闡微極幽莫能識其指歸也然而學者若之何而可以進於是哉亦

曰敬而已矣誠能起居食息主一而不舍則其德性之知必有卓然不可掩於體察之際者而後先生之蘊可得而窮太極可得而識矣

無極而太極辯

程頤

極之得名以屋之脊棟爲一屋之中居高處蓋爲衆木之總會四方之尊仰而舉一屋之木莫能加焉故極之義雖訓爲至而實則以有方所形狀而指名也如北極皇極爾極民極之類皆取諸此然皆以物之有方所形狀適似於極而具極之義故以極名之以物喻物蓋無難曉惟大傳以易之至理在易之中爲衆理之總會萬化之本原而舉天下之理莫能加焉其義莫可得名而有類於極於是取極名之而係以太則其尊而無對又非他極

之比也然則太極者特假是物以名是理雖因其有方所形狀以名而非有方所形狀之可求雖與他書所用極字取義畧同而以實喻虛以有喻無所喻在於言外其意則異周子有見於此恐夫人以他書閑字之例求之則或未免滯於方所形狀而失聖人取喻之意故為之言曰無極而太極蓋其指辭之法猶曰無形而至形無方而大方欲人知夫非有是極而謂之太極亦特托於極以明理耳又曰太極本無極也蓋謂之極則有方所形狀矣故又反而言之謂無極云耳本非有極之實欲

人不以方所形狀求而當以意會於此其反覆推本聖人所以言太極之意最爲明白後之讀者字義不明而以中訓極已爲失之然又不知極字但爲取喻而遽以理言故不惟理不可無於周子無極之語有所難通且太極之爲至理其辭已足而加以無極則誠似於贅者矣因見象山語無極書正應不能察此而輒肆於麤辯爲之切嘆故著其說如此云

五行說

五行之序以質之所生而言則水本是陽之濕氣

以其初動爲陰所陷而不得遂故水陰勝火本是陰之燥氣以其初動爲陽所揜而不得達故火陽勝蓋生之者微成之者盛生之者形之始成之者形之終也然各以偏勝也故雖有形而未成質以氣升降土不得而制焉木則陽之濕氣浸多以感於陰而舒故發而爲木其質柔其性煖金則陰之燥氣浸多以感於陽而縮故結而爲金其質剛其性寒土則陰陽之氣各盛相交相搏凝而成質以氣之行而言則一陰一陽往來相代木火金水云者各就其中而分老少耳故其序各由少而老土

則分旺四季而位居中者也此五者序若參差而造化所以爲發育之具實竝行而不相悖蓋質則陰陽交錯凝合而成氣則陰陽兩端循環不已質曰水火木金蓋以陰陽相間言猶曰東西南北所謂對代者也氣曰木火金水蓋以陰陽相因言猶曰東南西北所謂流行者也質雖一定而不易氣則變化而無窮所謂易也

通書序畧　　胡宏

通書四十章周子之所述也周子名惇頤字茂叔春陵人推其道學所自或曰傳太極圖於穆修也

傳先天圖於种放放傳於陳摶此殆其學之一師
歟非其至者也希夷先生有天下之願而卒與鳳
歌荷蓧長往不來者伍於聖人無可無不可之道
亦似有未至者程明道先生嘗謂門弟子曰昔受
學於周子令尋仲尼顏子所樂者何事而明道先
生自再見周子吟風弄月以歸道學之士皆謂程
顥氏續孟子不傳之學則周子豈特為种穆之學
而止者哉粤若稽古孔子述三五之道立百王經
世之法孟軻氏闢楊墨推明孔子之澤以為萬世
不斬人謂孟氏功不在禹下今周子啓程氏兄弟

以不傳之妙一回萬古之光明如日麗天將爲百
世之利澤如水行地其功蓋在孔孟之間矣人見
其書之約也而不知其道之大也見其文之質也
而不知其義之精也見其言之淡也而不知其味
之長也顧愚何足以知之然服膺有年矣試舉一
二語爲同志者起予之益乎患人以發策決科榮
身肥家希世取寵爲事也則曰志伊尹之所志患
人以知識聞見爲得而自畫不待價而自沽也則
曰學顏子之所學人有眞能立伊尹之志修顏子
之學者然後知通書之言包括至大而聖門之事

業無窮矣故此一卷書皆發端以示人者宜其度越諸子直與易書詩春秋語孟同流行乎天下是以叙而藏之遇天下之善士又尚論前修而欲讀其書者則傳焉

書太極圖解後　　度正

正始讀先生所釋太極圖說莫得其義然時時覽而思之不敢廢其後十有餘年讀之既久然後始知所謂上之一圈者太極本然之妙也及其動靜既分陰陽既形而其所謂上之一圈者常在乎其中蓋本然之妙未始相離也至於陰陽變合而生

五行水火木金土各具一圈者所謂分而言之一物一太極也水而木木而火火而土土而金金復會於一圈者所謂合而言之五行一太極也然其指五行之合也總水火木金而不及土者蓋土行四氣舉是四者以該之兩儀生四象之義也其下之一圈爲乾男坤女者所謂男女一太極也又其下之一圈爲萬物化生者所謂萬物一太極也以見太極之妙流行於天地之間者無乎不在而無物不然也然太極本然之妙初無方所之可名無聲臭之可議學者之求之其將何以求之哉亦求之

此心而已矣學者誠能自識其心反而求之日用之間則將有可得而言者夫寂然不動喜怒哀樂之未發者此心之體而太極本然之妙於是乎在也感而遂通喜怒哀樂之既發者此心之用而太極本然之妙於是而流行也然以發者可見而未發者不可見已發者可聞而未發者不可聞學者於此深體而默識之因其可見以推其不可見因其可聞以推其不可聞庶乎融會貫通太極本然之妙可求而心極亦庶乎可立矣或者不知致察乎此而於所謂無極云者眞以爲無而以爲周子

立言之病失之遠矣先生嘗語正曰萬物生於五行五行生於陰陽陰陽生於太極其理至此而極正當時聞之心中釋然若有以見夫理之所以然名之所以立者先生又曰乾道成男坤道成女何也此程子所謂海上無人之境而人忽生乎其間者此天地生物之始禮家所謂感生之道也又曰生天生地成鬼成帝即太極動靜生陰陽之義蓋先生晚年表裏洞然事理俱融凡諸子百家一言一行之合於道者亦無不察况聖門之要旨哉遂寧傳者伯成未第時嘗從周子遊而接其議論先

生聞之嘗令正訪其子孫而求其遺文焉在吾鄉時傳嘗有書謝其所寄遇說其後在永州又有書謝其所寄改定同人說但傳之書稿無恙而周子之易說則不可復見耳聞之先生今之通書本名易通則六十四卦疑皆有其說今考其書獨有乾損益家人睽復無妄蒙艮等說而亦無所謂遇說同人說者則其書之散逸亦多矣可不惜哉夫太極者所以發明此心之妙用也通書者又所以發明太極之妙用也然其言辭之高深義理之微密有非後學可以驟而窺者今先生既已反復論辯

究極其說章通句解無復可疑者其所以望於後之學者至矣正也輒不自量併以其聞之先生者附之于此學者其亦熟復而深味之哉

右正少時得明道伊川之書讀之始知推尊先生而先生仕吾鄉時已以文學聞於當世遂搜求其當時遺文石刻下可得又欲於架閣庫詩其書判行事而郡當兩江之會屢遭大水無復存者始仕遂寧聞其鄉前輩故朝議大夫知漢州傳耆曾從先生遊先生嘗以姤說及同人說寄之遂訪求之僅得其目錄及長慶集載先生遺事頗詳久之又

得其手書手謁二帖其後過柹歸得柹歸集之成都得李才元書臺集至嘉定得呂和叔淨德集來懷安又得蒲傳正清風集皆載先生遺事至於其他私記小說及先生當時事者皆纂而錄之一日與今夔路運司帳幹楊齊賢相會成都時楊方草先生年譜且見囑以補其闕刊其誤楊先生之鄉士也操行甚高記覽亦極詳悉意其所考訂必已精審退而閱之其載先生來吾鄉歲月頗自差舛甚者以周恭叔事爲先生事又以程師孟逸行詩爲趙清獻詩於是屢欲執筆未暇也及來重慶官

事稍閒遂以平日之所聞者而爲此篇然其所載於先生入蜀本末爲最詳其他亦不能保其無所遺誤正往時嘗有志遍遊先生所遊之處以訪其遺言遺行今自以衰晚莫能遂其初志有志之士儻能垂意搜羅補而修之使無遺闕實區區之志也嗚呼天之未喪斯文也故其絕千有餘年而復續續之未久復又晦昧至近世復燦然大明小人之用事者自以爲不利於已盡力以抑絕之賴天子聖明大明黜陟而斯文復興如日月之麗天人皆仰之有願學之志假令百世之下復有能沮

毀之者其何傷於日月乎其何傷於日月乎嘉定
十四年八月二十有九日後學山陽度正謹序

性善兄頃在成都夜讀通鑑其後常患目昏不能
多作字其編類濂溪家世年表蕃執筆從旁書之
書至買平紋紗衫材樗蒲綾袴段蕃曰不太苛細
否曰此固哲人細事如食人之精膾之細魚之餒
紺緅之飾紅紫之服當暑之絺綌鄉黨皆備書之
今讀之如生於千載之前同堂合席也豈可忽乎
蕃恐觀者之不達乎此故書之以示同志云嘉定
十四年九月二十有五日弟蕃百拜謹跋

張栻

按先生之書近歲以來其傳既益廣矣然皆不能無謬誤惟長沙建安板本爲庶幾焉而猶頗有所未盡也蓋先生之學之奧其可以象告者莫備於太極之一圖若通書之言蓋皆所以發明其蘊而誠動靜理性命等章爲尤著程氏之書亦皆祖述其意而李仲通銘程邵公誌顏子好學論等篇乃或并其語而道之故清逸潘公誌先生之墓而序其所著之書特以作太極圖爲首稱而後乃以易說易通繫之其知此矣然諸本皆附於通書之後

而讀者遂誤以爲書之卒章使先生立象之微旨
暗而不明驟而語夫通書者亦不知其綱領之在
是也長沙本既未有所是正而通書乃因胡氏所
定章次先後輒頗有所移易又刊去章目而別以
周子曰加之皆非先生之舊若理性命章之類則
一去其目而遂不可曉其所附見銘碣詩文視他
本則詳矣然亦或不能有以發明於先生之道而
徒爲重複故建安本特據潘誌置圖篇端而書之
次序名章亦復其舊又即潘誌及蒲左丞孔司封
黄太史所記先生行事之實刪去重複參互考訂

合爲事狀一篇至於道學之微有諸君子所不及知者則又一以程氏及其門人之言爲正以爲先生之書之言之行於此亦畧可見矣然後得臨汀楊方本以校而知其舛陋猶有未盡正者又得何君營道詩序及諸嘗遊舂陵者之言而知事狀所序濂溪命名之説有失其本意者覆校舊編而知筆削之際亦有當錄而誤遺之者又讀張忠定公語而知所論希夷种穆之傳亦有未盡其曲折者當欲別加是正以補其闕而病未能也玆乃被命假守南康遂獲嗣守先生之遺敎於百有餘年之後

顧德弗類慚懼已深瞻仰高山益切竊歎因取舊奏復加更定而附著其說如此鋟板學官以與同志之士共覽觀焉淳熙己亥夏五月日

又延平本　　前人

臨汀楊方得九江故家傳本校此本不同者十有九處然亦互有得失其兩條此本之誤當從九江本如理性命章云柔如之當作柔亦如之師友章當自道義者以下折為下章其十四條義可兩通當並存之如誠幾德章云理曰禮理一作履慎動章云邪動一作動邪化章一作順化愛敬章云有善此下一有是苟字學焉此下一有有字曰有不善

一無此四字曰不善此下一有否字樂章云優柔平中平一作乎輕生敗倫倫一作常聖學章云請聞焉聞一作問顏子章云獨何心哉心一作以能化而齊齊一作濟一作消過章一作仲由刑章云不止卽過焉卽一作則其三條九江本誤而嘗以此本爲正如太極說云無極而太極而下誤多一生字誠章云誠斯立焉立誤作生家人睽復無妄章云誠心復其不善之動而已矣心誤作以凡十九條

又南康本　　朱熹

右周子太極圖幷說一篇通書四十章世傳舊本遺文九篇遺事十五條事狀一篇熹所集次皆以

校定可繕寫槀今附見于此學者得以考焉